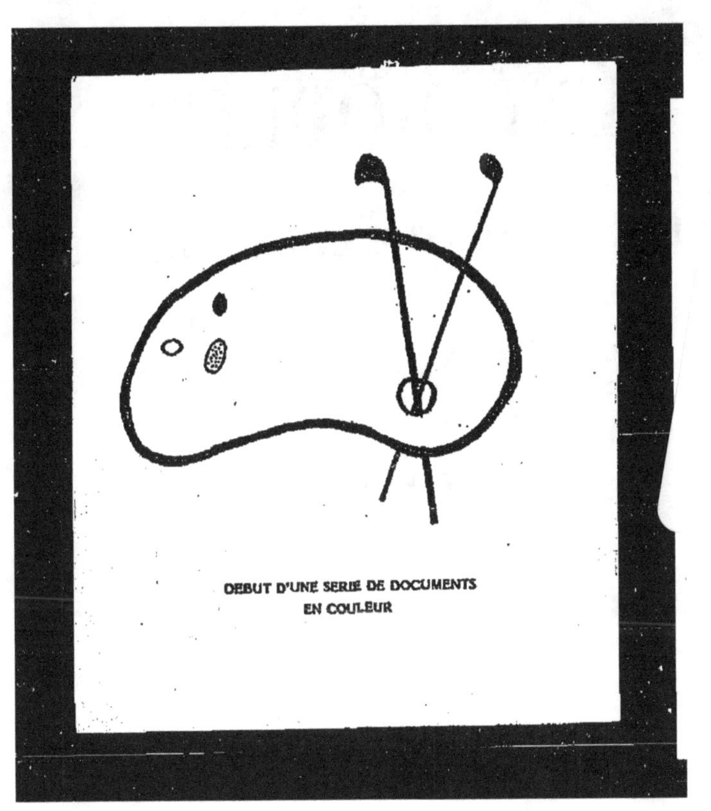

DEBUT D'UNE SERIE DE DOCUMENTS
EN COULEUR

RENÉ GOBLET

MINISTRE DE L'INSTRUCTION PUBLIQUE

PAR

Louis LIARD

DE L'INSTITUT

Extrait de la **Revue Politique et Parlementaire**

(*Février 1906*)

PARIS

BUREAUX DE LA *REVUE POLITIQUE ET PARLEMENTAIRE*

63, RUE DE L'UNIVERSITÉ

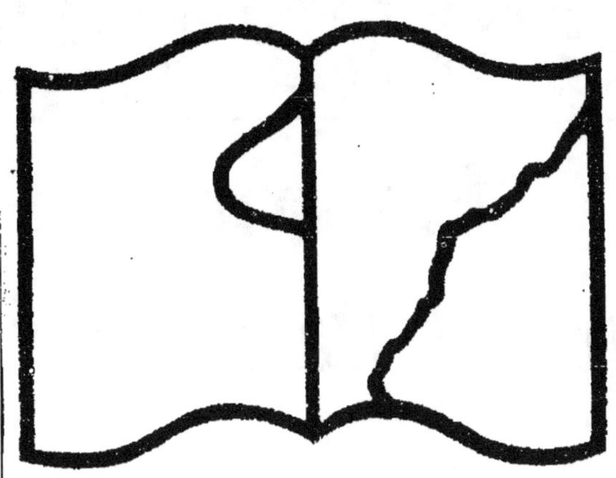

N° 140 — T. XLVII   10 Février 1906   13ᵉ Année

Revue
Politique et Parlementaire

FONDATEUR : MARCEL FOURNIER — DIRECTEUR : FERNAND FAURE

SOMMAIRE

63, RUE DE L'UNIVERSITÉ, PARIS (7ᵉ)

TÉLÉPHONE 726-39

France : un an, 25 fr.; six mois, 14 fr.; Étranger et Union Postale : un an, 30 fr.; six mois, 16 fr.
Les abonnements peuvent partir du 1ᵉʳ de chaque mois

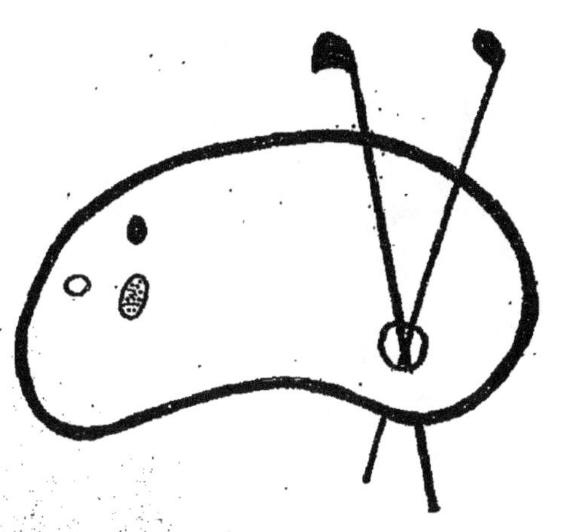

FIN D'UNE SÉRIE DE DOCUMENTS
EN COULEUR

RENÉ GOBLET

MINISTRE DE L'INSTRUCTION PUBLIQUE

RENÉ GOBLET

MINISTRE DE L'INSTRUCTION PUBLIQUE

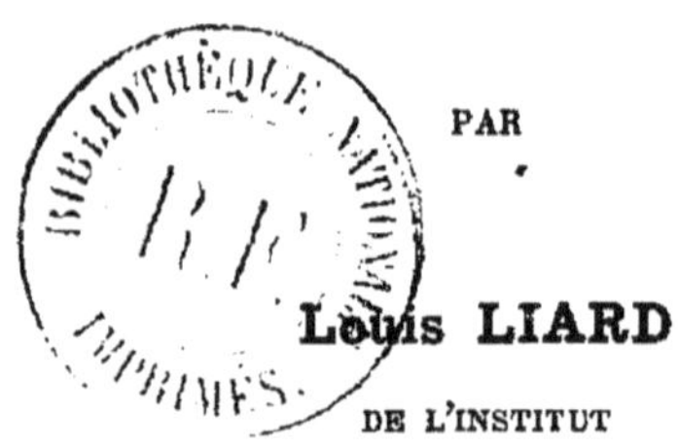

PAR

Louis LIARD

DE L'INSTITUT

Extrait de la **Revue Politique et Parlementaire**
(*Février 1906*)

PARIS

BUREAUX DE LA *REVUE POLITIQUE ET PARLEMENTAIRE*

63, RUE DE L'UNIVERSITÉ

RENÉ GOBLET

MINISTRE DE L'INSTRUCTION PUBLIQUE

M. René Goblet fut nommé ministre de l'Instruction publique le 6 avril 1885. C'était au lendemain de Lang-Son, après la chute du Cabinet Ferry. A l'Instruction publique, nous avions tous été plus ou moins les collaborateurs de Jules Ferry ; nous étions tous ses amis. La venue, comme ministre, d'un de ceux qui avaient contribué à le renverser, dans des circonstances où renverser un Cabinet nous paraissait une faute, n'était pas pour nous réjouir. Nous nous demandions ce qui allait advenir, non de nous, mais de l'œuvre dont nous étions les ouvriers, et dont l'inspiration venait de Jules Ferry, et si le nouveau ministre aurait confiance en des directeurs, qu'il savait amis de Ferry.

Nous lui fûmes présentés, M. Zevort, Buisson et moi, par M. Fallières, le ministre sortant. Nous ne l'avions jamais vu. De lui, nous savions seulement qu'il avait été avocat, procureur général, sous-secrétaire d'Etat à la Justice, ministre de l'Intérieur, qu'il était radical et libéral, qu'il parlait bien, qu'il était ardent et combatif et qu'il n'aimait pas Ferry. Nous nous trouvâmes en présence d'un petit homme qui ne perdait pas un millimètre de sa taille, à la physionomie vive, au grand œil direct et clair, aux gestes rapides, au visage frais, à la lèvre fine, vibrant des pieds à la tête, et parlant d'une voix charmante, au timbre d'argent .Son entretien fut bref, simple et net. Il nous dit que si le ministre était changé, rien ne devait l'être aux directions jusqu'ici données aux œuvres de l'enseignement national. Pas une allusion aux circonstances politiques qui l'amenaient rue de Grenelle. Au peu qu'il nous dit, et surtout au ton dont il nous le dit, nous eûmes l'impression d'avoir devant nous un homme d'esprit clair et de volonté solide.

Le lendemain ou le surlendemain, il constitua son cabinet. Pour chef de cabinet, il voulut un universitaire. Il n'en connaissait pas. Il en demanda un à M. Gréard, qui était de ses connaissances. M. Gréard lui désigna un professeur de rhétorique au lycée Henri IV, M. Léon Robert, alors délégué des agrégés des lettres au Conseil supérieur de l'Instruction publique. Il le prit de sa main, sans l'avoir vu. Comme secrétaire, il choisit un jeune homme qu'il connaissait à peine. Et ce fut tout. Le bureau du cabinet fut conservé tel quel, avec Roujon, un autre ferryste, à sa tête. Ce politique n'avait pas de clientèle à pourvoir ; cet honnête homme faisait confiance à l'honnêteté d'autrui, sachant bien, d'ailleurs, que s'il se trompait et était trompé, il lui serait aisé de remettre les choses en ordre.

Et l'on se mit au travail. Nous avions l'habitude, sous ses prédécesseurs, de nous réunir chaque soir, vers cinq ou six heures, M. Zevort, Buisson et moi, dans le cabinet du ministre et de traiter en commun avec lui, en toute sincérité, en toute franchise, les affaires les plus importantes de nos directions. Souvent, M. Gréard venait se joindre à nous, et nous apportait les trésors de son expérience et de sa finesse. La méthode parut bonne à M. Goblet ; il la conserva, et en très peu de temps, ce fut de lui à nous, de nous à lui, la confiance la plus affectueuse.

Dès le premier jour, nous fûmes émerveillés de la lucidité de son intelligence, où se résolvaient en clartés les questions les plus obscures, et pleins de respect pour la trempe de sa volonté. Très vite aussi, tant elles effleuraient, nous aperçûmes en lui les plus hautes qualités morales, une droiture absolue, le souci constant du bien public, l'absence de toute préoccupation personnelle, le désintéressement et la bonté. De cette bonté, je pourrais citer bien des traits. J'en choisis un qui m'est personnel, et, en le choisissant, j'accomplis un acte de gratitude. Au mois d'octobre 1886, au cours d'un voyage d'études en Allemagne, je fus atteint , à Strasbourg, d'un rhumatisme articulaire. On me rapporta vite à Paris, et je m'alitai pour près de trois mois. Au bout de quinze jours, dévoré par l'impatience de ne pouvoir faire mon métier, je songeais à me démettre. M. Goblet l'apprit ; il s'en émut et vite il dépêcha Mme Goblet près de ma femme pour la prier de me tranquilliser et m'inviter à prendre tout le temps d'être malade et de guérir. S'il était nécessaire, le ministre viendrait m'entretenir. Et de fait, bien souvent, pendant ces longues semaines, sous prétexte d'une promenade au Bois, après son déjeuner, il vint dans ma petite maison de Passy, et là, au cours d'une conversation amicale, il glissait les questions sur lesquelles il lui fallait mon avis.

Rien qu'avec les discours qu'il prononça étant ministre de l'Instruction publique, on peut se faire de lui une belle et complète image. — Essentiellement, un homme qui aime la vie, l'action, la lutte, qui les vante, qui les prêche, surtout à la jeunesse, en laquelle il lui est intolérable de trouver des signes de détachemnt, de pessimisme, de tristesse ou d'ironie, qui assigne à la vie, à l'action, à la lutte, de très hautes fins. « élever le peuple tout entier à la connaissance exacte de ses droits et de ses devoirs, ouvrir toutes les issues aux intelligences d'élite, de quelque milieu qu'elles sortent, tirer de tous les hommes tout ce qu'ils ont en eux dont puisse profiter l'intérêt général, et par là, autant qu'il est donné à l'effort humain d'aboutir, assurer le bonheur et la dignité des individus, la paix et la grandeur de la nation, préparer, réaliser par degrés chaque jour davantage le règne de l'égalité et de la justice (1) » ; — un optimiste, cela va sans dire, car si le pessimisme est capable de porter à l'action, celle qu'il inspire n'est pas l'action allègre qui fut la sienne ; — un libéral, car la vie, l'action, la lutte, c'est, au fond, une affirmation incessante de la personnalité humaine, c'est-à-dire de la liberté, et la liberté ne se confine pas dans le for intérieur ; elle éclate et rayonne dans la cité, et ne doit y avoir pour limites que la liberté des autres et le bien évident de tous ; — un passionné de l'initiative individuelle, partant un décentralisateur, jaloux jusqu'à la susceptibilité des droits de l'Etat, mais les réduisant

(1) Disc. du Concours général, 3 août 1885.

au minimum exigé par le bien de tous, et, pour le reste, fai-
sant largement appel aux initiatives des individus et des associations ; — un républicain doctrinaire, une manière de politique cartésien, tenant pour vraies les « idées » qui lui appa-
raissaient comme « claires et distinctes », et une fois que l'évi-
dence lui en est apparue, s'y attachant pour toujours, les
maintenant, les affirmant, les développant envers et contre
tous ; — un patriote enfin, à la façon des hommes de la Révolution, professant à la lettre le « culte de la patrie », n'hési-
tant pas à dire qu'« il la faut adorer » parce qu'il « n'y en a
pas de plus noble et de plus généreuse», et qu'il « n'y en aura
pas de plus grande le jour où tous le voudront, non par la
conquête et l'étendue des territoires, mais par son rayonne-
ment au milieu des nations (1) ».

Avec un tel tempérament et avec ces maximes, c'était un
vrai ministre de l'éducation nationale qui nous arrivait le
6 avril 1885. Il le fut en son administration de chaque jour,
toujours soucieux de l'intérêt public et de la justice, n'accor-
dant rien à la brigue ou à l'intrigue, ne sacrifiant jamais le
bien du service aux contingences et aux exigences journaliè-
res de la politique. Il le fut plus encore par ses œuvres dans
les divers ordres de l'enseignement public.

D'abord, dans l'enseignement supérieur. — Ici, je suis forcé
de parler un peu de moi. J'en aurais quelque embarras si
M. Goblet ne m'avait autorisé lui-même à le faire, le jour où,
très généreusement, à la tribune du Sénat, lors de la discussion d'un premier projet de loi sur les Universités, il voulut
bien dire que je l'avais conquis à mes idées, et qu'il me devait
d'avoir mis son nom au bas des décrets dont il va être question.

Un ministre libéral et décentralisateur, c'était à ce moment
une bonne fortune pour l'enseignement supérieur. La réforme
en était commencée depuis plusieurs années déjà ; méthodi-
quement, on refaisait les facultés ; on les dotait de laboratoi-
res, de bibliothèques, de collections ; on y créait de nouveaux

(1) Fête fédérale de gymnastique de Bordeaux, 24 mai 1885.

enseignements ; on les peuplait de jeunes maîtres animés de
l'esprit de la science ; on s'efforçait de les rapprocher, et déjà
l'idé d'en faire un jour des Universités ne semblait pas une
chimère. Juste au moment où M. Goblet devint ministre de
l'Instruction publique, s'achevait l'enquête ordonnée par Jules Ferry, dix-huit mois plus tôt. « Y a-t-il avantage à réunir
les facultés d'un même ressort en une Université ? Quels services rendrait cette mesure ? » Les résultats lui en furent
soumis ; il s'y intéressa vivement, et voulut sans retard, passer à l'action. Je crois bien qu'avec son esprit de décision, sa
hâte de réaliser une œuvre en accord avec ses instincts, son
expérience de ministères a durée trop courte pour conduire
à terme des entreprises de long dessein, il fût allé droit aux
Chambres, avec un projet de loi organisant les Universités.
Je l'en dissuadai. J'étais jeune, j'avais confiance ; mais je
voyais devant moi assez d'années pour être prudent, et cette
réforme me semblait d'une telle importance qu'à aucun prix
il ne fallait en compromettre le succès par trop de précipita-
tion à vouloir la réaliser. Il se rendit de la meilleure grâce
à mes raisons ; il se résigna aux méthodes lentes et il fut con-
venu que, tout d'abord, par un procédé dont la nouveauté
n'était pas sans lui plaire, on ferait pièce à pièce, expérimen-
talement, les Universités, greffant un progrès sur un progrès
acquis, jusqu'à la limite extrême du pouvoir réglementaire,
reculant l'appel au pouvoir législatif jusqu'au jour où il n'aurait plus qu'à consacrer, en l'achevant, une œuvre faite, vi-
vante et déjà éprouvée.

Avant de réunir en un corps les diverses facultés d'un
même ressort académique, il fallait de chacune d'elles faire
vraiment un corps élémentaire, car, ayant de longtemps pré-
cédé les Universités futures, elles ne pouvaient, le jour où
celles-ci seraient, que s'unir et non s'abolir en elles. Or, elles
n'étaient plus qu'une entité administrative. Elles avaient autrefois été des personnes. A un certain instant, sans qu'on
sût trop pourquoi, peut-être simplement insouciance ou inca-
pacité d'un bureau, elles avaient cessé de l'être. Il fut facile
de retrouver leurs titres, depuis la loi de l'An XI, jusqu'à la
loi de finances de 1850. Sans difficulté, le Conseil d'Etat les
reconnut authentiques et toujours valables, et un décret du

mois de juillet 1885 leur rendit la personnalité civile. C'était le commencement. Désormais, les facultés pouvaient posséder. En même temps, leur fut donnée une première organisation financière. Désormais, elles avaient un budget. En outre des dons et legs, elles pouvaient recevoir des subventions des départements, des communes et des particuliers, et les appliquer soit au personnel, soit au matériel. Ainsi une vie propre dont elles seraient maîtresses et directrices leur devenait possible ; ainsi encore, autour d'elles, départements, villes, associations, particuliers, pouvaient aider à leur action et leur en donner de nouveaux moyens. De cette libérale mesure, le premier effet fut, à Paris, quelques semaines après, sur l'initiative du Conseil municipal, la création, à la Faculté des Lettres, d'une chaire pour l'histoire de la Révolution française, et, à la Faculté des Sciences, d'une chaire pour l'étude de l'Évolution des êtres organisés.

Ce décret de juillet 1885 concernait les Facultés chacune en soi ; mais on y avait déposé, en germe, un organe de rapprochement et de communauté. Prévoyant que des libéralités, dons, legs ou subventions, pourraient s'appliquer à diverses facultés d'une même académie, on instituait en elles, pour les répartir entre leurs budgets, « un Conseil chargé des intérêts communs des divers établissements d'enseignement supérieur du ressort ». D'un nom clair et bien français, qui, du premier coup, plut à M. Goblet, on l'appelait « Conseil général des Facultés » ; on le composait, sous la présidence du Recteur, des Doyens et Directeurs et de deux délégués de chaque établissement élus par leurs collègues. L'embryon des Universités était posé.

Il allait vite évoluer et se développer. Je passai mes vacances à réfléchir sur les résultats de l'enquête, à ventiler ce qui en semblait chimérique, et ce qui en paraissait réalisable, et, dans cette dernière part, ce qui pouvait être réalisé par décret, et ce qui ne pouvait l'être que par une loi ; mettant de côté tout ce qui eût exigé la loi, j'essayai de compléter, de coordonner, et d'organiser tout le reste. A la rentrée, je remis à M. Goblet un long projet de décret qu'aussitôt il étudia avec la joie manifeste de le trouver d'accord avec ses conceptions générales. Avant de le soumettre au Conseil supérieur de l'Instruction publique, il tint à le faire examiner, discuter, justifier devant lui ,dans son cabinet, en une sorte de conseil privé, où furent appelés, avec MM. Zévort et Buisson, mes collègues de l'enseignement secondaire et de l'enseignement primaire, M. du Mesnil, un de mes prédécesseurs à la Direction de l'enseignement supérieur, M. Gréard, et les protagonistes de l'idée universitaire, M. Lavisse, M. Bréal et M. Gaston Pâris. De cette consultation, le projet sorti allégé, c'est-à-dire amélioré, et quelques semaines plus tard, il passa sans la moindre difficulté au Conseil supérieur.

Par ce décret du 28 décembre 1885, M. Goblet a eu l'honneur, non de faire les Universités, l'heure n'était pas encore venue, mais de les rendre possibles et de les préparer par une expérience décisive. L'essentiel de ce décret, si l'on néglige le détail et l'accessoire, peut se résumer ainsi. Dans chaque faculté, étaient établis un Conseil et une Assemblée. Le Conseil, c'est la Faculté en sa personnalité propre, en ce qu'elle a de permanent ; l'Assemblée, c'est la Faculté enseignante. Le Conseil se compose uniquement des professeurs titulaires et des professeurs adjoints à eux assimilés ; l'Assemblée comprend, outre les titulaires, les chargés de cours, les maîtres de conférences, les agrégés. Conseil et Assemblée ont des attributions différentes. Au Conseil, d'une façon générale, tout ce qui regarde la vie civile de l'établissement ; à l'Assemblée, tout ce qui touche à sa vie scientifique. En même temps, l'embryon, déposé quelques mois plus tôt dans le décret financier de juillet 1885, le Conseil général des Facultés, prenait corps et s'amplifiait. Sa fonction n'était plus limitée à répartir entre les budgets des facultés diverses des libéralités applicables à plusieurs ; il devenait véritablement en elles un organe de vie commune ; en outre des attributions financières de la première heure, il recevait des fonctions d'ordre administratif, d'ordre disciplinaire, d'ordre social et d'ordre scientifique. Désormais, par lui, une vie collective allait pouvoir naître et se manifester ; l'organe universitaire était créé, constitué, en vie ; sans doute, il lui manquait quelques attributs essentiels, par exemple, la personnalité civile, le droit de posséder, de recevoir et d'acquérir, qu'avait maintenant chaque faculté prise à part, la complète juridiction sur les étudiants, mais si l'université, qui signifiait autrefois la corporation des maîtres, est bien au sens moderne la réunion des facultés diverses, professeurs et étudiants, maîtres et compagnons, dans une œuvre commune d'enseignement scientifique et de progrès scientifique, si la vie civile, avec l'indépendance qu'elle assure, n'est qu'un moyen pour cette vie scientifique, le Conseil général de 1885 était bien déjà l'instrument nouveau de fins nouvelles, et quand, plus tard, la loi le complètera et l'achèvera, elle n'en modifiera pas la structure.

M. Goblet comprenait à merveille tout ce que pouvaient produire des facultés groupées. Aussi, à peine rendu le décret du 28 décembre 1885, sur deux points de la France, où elles étaient trop éloignées pour pouvoir jamais s'unir, voulut-il les rapprocher. Les anciens gouvernements qui, dans la répartition des facultés, suivaient d'autres idées et les distribuaient un peu comme des faveurs, en avaient placé, dans un même ressort académique, deux dans une ville, deux dans une autre. Si brève que soit la distance entre Douai et Lille, entre Aix et Marseille, Douai et Lille d'un côté, Aix et Marseille de l'autre, étaient deux sièges différents, d'où un obstacle à peu près insurmontable à l'union morale et scientifique et à toute vie commune. Si l'on voulait qu'un jour il y eût là, comme il y en aurait ailleurs, des universités, il fallait rapprocher ces membres épars. — « Que les conseils généraux des facultés me le demandent, me déclara M. Goblet, et je le ferai. »— Le Conseil général des Facultés de l'Académie de Douai le demanda ; aussi celui des Facultés d'Aix ; mais, dans le Midi, les hommes politiques du département, ceux d'Aix et d'Arles, et ceux de Marseille, se coalisèrent pour empêcher cette union. Dans le Nord, il en fut autrement, et les successeurs de M. Goblet, M. Berthelot et M. Spuller, en réunissant aux Facultés des Sciences et de Médecine de Lille, les Faculté des Lettres et de Droit de Douai, exécutèrent, au prix de mille difficultés, une mesure que M. Goblet avait rendue possible, préparée et voulue.

*
* *

Il voulait faire aussi œuvre qui vécût dans l'enseignement secondaire. Là, plus difficile était la tâche. Depuis longtemps déjà, cet ordre d'enseignement était en malaise. De cet état, quelles étaient les causes, quels pouvaient être les remèdes ? Sur ces questions les avis n'étaient ni fermes, ni concordants. Ce qui dominait, c'était, d'un côté, l'opinion qu'on avait affaibli les études classiques et que, loin d'innover de nouveau, ce qui les affaiblirait encore, le mieux serait de revenir aux anciennes disciplines, tout en reconnaissant, sans s'expliquer sur les moyens, qu'il fallait maintenir une place aux disciplines nouvelles, histoire, géographie, sciences expérimentales et langues étrangères ; — de l'autre, une opinion plus accentuée que le grec et le latin avaient fait leur temps et n'échapperaient pas à leur destinée, qu'à leur place, il fallait résolument installer comme instrument de culture les littératures modernes, et consacrer une partie du temps ainsi obtenu aux sciences, à l'histoire, à la géographie, et à l'étude pratique des langues vivantes.

Peut-être ici et là, n'envisageait-on pas la question de façon assez historique. Pendant la première moitié du xix° siècle, il est certain que notre enseignement secondaire à base classique, avec ses exercices formels, renouvelés des Jésuites par l'Université impériale, et transmis de génération en génération, composition latine, vers latins, exercices de rhétorique, explications à caractère littéraire ou esthétique, sans souci de la philologie, avait été florissant. On y avait bien joint dès l'origine et même à forte dose, les sciences mathématiques, surtout pour le recrutement des écoles spéciales du gouvernement ; mais elles étaient tenues comme matières inévitables d'examen, non comme moyen de culture et d'éducation intellectuelle. De même, à leur tour, l'histoire, la géographie, les sciences de la nature et de la vie, les langues étrangères avaient réclamé place aux programmes et l'avaient obtenue. Mais on n'avait pas assez pris garde que ce sont là choses toutes différentes de l'humanisme, choses objectives, dont le progrès est indéfini, parce que les réalités qu'elles expriment sont inépuisables, dont les méthodes n'ont rien de commun avec celles de l'humanisme et peuvent cependant servir à façonner les esprits, et que, par suite, la question se pose et s'impose de rechercher si la culture formelle peut et doit coexister avec la culture réelle, dans quelle mesure et par quelles com-

binaisons peut-être variées , il faut les associer l'une à l'autre.
En attendant, on comprimait ceci pour faire place à cela. Et
comme les vides résultant des compressions étaient moindres
que les additions, à chaque réforme, la masse des choses inscri-
tes aux programmes allaient croissant, et elles s'y juxtapo-
saient, s'y entassaient, sans coordination interne, pesant à
l'excès sur les jeunes esprits, surchargeant les mémoires, et,
dans tous les cas, mettant les intelligences un peu en désarroi
par l'action de méthodes discordantes.

En essayant, à son tour, une réforme de l'enseignement secondaire, M. Goblet ne se guidait pas par des considérations
de cette sorte. Sa culture n'était ni philosophique, ni historique, ni scientifique. Elle était littéraire et juridique. Mais son
clair bon sens, son expérience, sa pratique de la vie, lui avaient
révélé bien des choses. Il abordait la question non du dedans,
mais du dehors, à la suggestion des faits, en homme politique.
Pour lui, une des causes, la principale cause de l'affaiblisse-
ment des études classiques était le trop grand nombre des élè-
ves. De son temps, du temps où ces études étaient fortes, sous
le roi Louis-Philippe, il y en avait beaucoup moins. Ne ve-
naient s'y faire initier que ceux qui en avaient véritablement
le goût, l'aptitude ou le loisir. Aujourd'hui, avec le progrès de
l'esprit démocratique, ce nombre a décuplé. Combien de non-
valeurs, ou de valeurs inférieures, entrent ainsi dans les classes, les alourdissent, les ralentissent ? Et, combien seront les
victimes d'un enseignement pour lequel ils n'étaient pas faits,
dont ils n'avaient pas besoin ? Combien, au lieu d'aller vers le
commerce, vers l'industrie, vers les carrières actives et pro-
ductrices, grossiront l'énorme et lamentable déchet des carrières libérales, et la troupe improductive des candidats fonc-
tionnaires ? A cette pléthore funeste, il fallait un dérivatif.
Ce ne pouvait être qu'un enseignement secondaire nouveau,
destiné à tous ceux pour qui le vieil enseignement classique
ne serait ni un besoin de nature, ni un besoin de carrière.

A vrai dire, il existait déjà. C'était l'enseignement secondaire spécial de M. Duruy. Mais, outre qu'il portait un mau-
vais nom, un nom de défaveur, l'enseignement spécial avait
aux yeux de M. Goblet, le tort d'être par destination trop pratique, trop utilitaire, trop limité, de n'avoir pas de sanctions

ou d'en avoir d'insuffisantes, d'être plus près de l'enseignement primaire supérieur qui allait reparaître et avec lequel il ferait demain double emploi, que de l'enseignement secondaire. Son idée, c'était d'avoir, à côté de l'enseignement classique, allégé du trop plein de sa clientèle, et partant fortifié, un autre type d'enseignement secondaire, sans grec et sans latin, capable cependant de former des esprits, tout en les munissant en vue des carrières pratiques et de quelques-unes seulement des carrièrees libérales.

Quand il disait, il le dit souvent, qu' « un des meilleurs moyen de relever et de fortifier l'enseignement classique était de détourner une partie de sa clientèle », vers un autre enseignement ; — quand il disait encore : « Sans doute, et il faut l'en louer, l'Université tient à honneur d'entretenir les vieilles traditions qui font sa gloire et qu'on ne saurait briser sans compromettre la haute culture intellectuelle dans notre pays. C'est avec un soin jaloux qu'elle nourrit le goût de ces fortes études, de ces humanités qui ont fait notre langue, et, en lui donnant les qualités de précision, de clarté, d'élégance, qui la distinguent entre toutes les autres, ont marqué de leur empreinte, on peut le dire, notre génie et notre caractère national (1) », il disait exactement ce qu'il pensait. L'homme était d'une sincérité absolue avec lui-même et incapable de mensonge. Et puis, il aimait les lettres classiques. Il y « avait été nourri dès son enfance », à une époque où elles étaient en honneur. S'il lui eût fallu prendre parti dans la querelle des anciens et des modernes, c'est à coup sûr du côté des anciens qu'il aurait penché. Il les avait retenu ; il les citait avec plaisir, et son éloquence, étrangère à la rhétorique des Conciones, était d'une forme précise, élégante, et de classique aloi. Mais, pour lui, la question ne se posait pas entre anciens et modernes. Elle était bien différente, et c'était, à vrai dire, une question d'ordre social. « La vérité, a-t-il dit, dans un de ses discours au Concours général, est que la révolution économique et sociale qui s'est accomplie dans ce siècle, en entraîne d'autres à sa suite, que le système d'éducation qui a pu suffire à un Etat aristocratique, gouverné sans contrôle par une élite élégante et riche ne saurait donner satisfaction à tous les

(1) Sociétés Savantes, 11 avril 1885.

besoins nouveaux d'une grande démocratie, laborieuse, militante, obligée de lutter pour gagner sa vie chaque jour et pour garder sa place au milieu de la concurrence universelle devenue la loi du monde moderne. »

Comment M. Goblet concevait-il, en face de l'enseignement classique, son nouveau type d'enseignement secondaire ? Il l'obtenait par une transformation de l'enseignement spécial. A ce dernier, il reprochait, je l'ai dit plus haut, sa spécialité même, ou plus exactement ses spécialités, ses adaptations possibles aux besoins des régions et des lieux. Par opposition, le nouvel enseignement devait être *général*. En plus de vingt circonstances, M. Goblet l'a caractérisé par ce mot. Mais ce mot, l'avait-il analysé, approfondi ? C'est peu probable. Autrement, son esprit lucide en eût vite découvert le vague et l'équivoque. Mais le mot lui plaisait, par contraste d'abord, avec le mot *spécial*, dont il ne voulait plus et aussi parce que les classiques attribuaient à l'enseignement de leur prédilection la vertu d'être *général*. Or, son enseignement devait être un enseignement classique.

Classique est encore un mot qu'on eût pu analyser et définir. Mais les hommes d'action ne s'attardent pas aux analyses, qui poussées trop loin, paralysent l'action ; ils acceptent des choses les définitions courantes, et, sous leur couvert, ils font passer des nouveautés. Par éducation classique, M. Goblet entendait avec l'immense majorité de ses contemporains, la culture des esprits par les lettres, surtout par les lettres anciennes. Le nouvel enseignement devait être sans grec et sans latin ; mais il aurait les lettres modernes, la littérature française au premier rang, puis, au lieu et place du grec et du latin, les littératures étrangères. Par là, c'était encore un humanisme, un humanisme réduit.

Enfin, avec de larges doses de sciences et de choses modernes, le nouvel enseignement devait munir les jeunes gens pour les carrières pratiques. « Il s'agit, disait M. Goblet, aux Sociétés savantes réunies à la Sorbonne, de préparer pour l'agriculture, pour l'industrie, pour le commerce, pour les carrières nouvelles que peut offrir l'extension de nos possessions coloniales, une jeunesse non moins bien élevée, non moins instruite, quoique d'une autre façon, que celle qui recherche les

grandes écoles de l'État et les hautes fonctions publiques (1). »
— « Il s'agit, disait-il encore, quelques mois plus tard au Conseil supérieur de l'Instruction publique, en lui présentant le projet, de transformer les études classiques pour toute une catégorie de jeunes gens, la plus nombreuse peut-être, qui tout en recherchant une éducation vraiment libérale, ont besoin de trouver dans l'enseignement secondaire des connaissances plus variées, plus pratiques, mieux appropriées aux nécessités de leur fonction ou de leur carrière que celles que pourrait leur fournir l'étude des langues mortes (2). »

Ainsi défini, l'enseignement classique français n'était pas présenté comme l'égal de l'enseignement classique ancien. On le disait simplement parallèle à lui. Les études y devaient avoir une durée moindre ; les sanctions n'en devaient pas être entièrement les mêmes. A son baccalauréat propre on avait ouvert déjà la Faculté des Sciences, l'Ecole de pharmacie, les Ecoles spéciales à caractère scientifique, et plusieurs carrières administratives. Mais l'autre baccalauréat gardait ses réserves. Seul, il donnerait accès à la Faculté des Lettres, à la Faculté de Droit, et à la Faculté de Médecine.

Enseignement secondaire classique français, ce bloc parut enfariné au Conseil supérieur. Depuis quelque temps déjà, on y était sur le qui-vive. M. Gréard avait été gagné par M. Goblet à ses idées, et la conquête était précieuse. Mais on se rappelait et on lui rappela qu'il avait toujours été partisan de l'enseignement spécial ; que naguère, il avait écrit : « Il ne faut pas lui laisser oublier son origine et sa destination. Toute autre visée fausserait sa direction et en compromettrait le succès. » En vain joignit-il à la forte dialectique de M. Zévort toutes les ressources de sa souple éloquence, le principe du projet fut rejeté à une grosse majorité.

Ce principe était ainsi formulé : « Le nouvel enseignement sera général et classique. Il devra être organisé de manière à répondre aux besoins nouveaux de la société moderne et à attirer vers les études secondaires françaises les jeunes gens qui n'ont ni le goût ni le loisir de se livrer à l'étude des langues mortes. » L'opposition fut très décidée : le caractère de l'en-

(1) 1er mai 1886.
(2) 22 juillet 1886.

seignement spécial est d'être pratique ; on veut changer ce caractère ; par là, on tend à détruire l'enseignement spécial, et pourtant il répond à des besoins réels ; — en même temps on menace l'enseignement classique ; — l'extinction graduelle de cet enseignement, voilà la fin où tend, qu'on le veuille ou non, qu'on se l'avoue ou non, la réforme proposée. La coexistence de deux enseignements classiques serait un leurre ; l'un ne pourrait fonctionner qu'aux dépens de l'autre ; ils s'empêcheraient mutuellement. D'ailleurs, il n'y a qu'un enseignement classique, un seul ; c'est celui dont la base est l'étude des langues anciennes. L'enseignement spécial doit rester ce qu'il est, un enseignement à tendances pratiques et utilitaires. Toutefois, pour bien prouver qu'à cet enseignement spécial il ne voulait aucun mal, des propositions du ministre le Conseil accepta celles qui portaient de cinq à six années la durée des études, augmentaient l'importance des langues vivantes et introduisaient dans les programmes l'étude obligatoire de deux de ces langues.

M. Goblet eût été en droit de passer outre à cet avis. Pas un instant il ne songea à le faire. Il accepta ce que le Conseil supérieur lui concédait, estimant que c'était déjà un profit. Quatre ans plus tard, l'enseignement moderne était créé.

*
* *

Dans l'enseignement primaire, son œuvre fut plus décisive. Le programme du parti républicain : « Obligation, gratuité, laïcité », n'était pas encore pleinement réalisé. La gratuité avait été ordonnée par une loi de 1881 ; l'obligation, par une autre loi de 1882 ; comme conséquence, quelques mesures sur la neutralité de l'école avaient été prescrites, suppression dans les programmes, de tout enseignement religieux à caractère confessionnel, suppression du privilège des congréganistes, et de la lettre d'obédience ; suppression du droit d'inspection donné depuis 1850 aux ministres des Cultes. Mais il n'y avait encore dans les écoles publiques nombre d'instituteurs et d'institutrices congréganistes. Pouvait-on leur demander, qu'infidèles à leur profession de foi, ils fussent dans l'école publique la voix neutre qu'exigeait l'esprit de la législation républicaine ?

Depuis plusieurs années, un projet de loi, partie d'initiative parlementaire, partie d'origine gouvernementale, dû à la fois à Paul Bert et à Jules Ferry, était pendant devant les Chambres. Voté sans difficulté par la Chambre des députés, il avait été transmis au Sénat en 1884, par M. Fallières. Achevant l'œuvre de 1881 et 1882, il portait organisation complète de l'enseignement primaire, public et libre, disposait à quelles conditions pourraient s'ouvrir les écoles publiques et les écoles privées ; quelles elles seraient, écoles maternelles, classes enfantines, écoles primaires élémentaires, cours complémentaires, écoles primaires supérieures, écoles manuelles d'apprentissage ; d'après quelle procédure seraient établies les écoles publiques ; à quelles inspections elles seraient soumises ; de quels titres de capacité auraient à justifier leurs divers maîtres ; par quelles autorités ils seraient nommés ; quel serait le régime disciplinaire de ce vaste personnel, quelles seraient la composition et les attributions des Conseils propres de l'enseignement primaire. Mais la pièce maîtresse de cet ensemble était l'article 12 : « Dans les écoles publiques de tout ordre, l'enseignement est exclusivement confié à un personnel laïque. » Cela, ce n'était plus seulement l'école neutre et non confessionnelle, c'était l'école laïque, c'était l'élimination des congréganistes de l'école publique. Au Sénat, où la droite était puissante encore, et comptait dans ses rangs des hommes comme M. Buffet, M. Chesnelong, M. Lucien Brun, pour ne parler que des plus illustres, le projet, rapporté par M. Ferrouillat, allait se heurter à une opposition redoutable, une vraie barre à franchir. Avec un pilote attentif, décidé et vigoureux comme M. Goblet, elle fut franchie.

Pour se bien rendre compte de sa manière oratoire et de son mode d'action, il faut l'avoir vu là, pendant les quinzes séances ardentes que dura cette discussion. Assis au banc du gouvernement, suivant tout, écoutant tout, l'oreille ouverte à tous les propos, les relevant tous d'un coup de raquette rapide et sûr, frémissant tout le long de l'action, comme une fine bête de sang toujours prête à partir, il s'élance à la tribune, chaque fois qu'il estime que le gouvernement doit parler, et ne cède qu'une fois ou deux son poste de combat. Il a longuement étudié toutes les questions engagées, les plus graves questions

politiques et les plus minces questions administratives, et contre tout adversaire il fait face, jusqu'à dix fois par séance, ex-
posant ses arguments ou réfutant ceux qu'on lui oppose, d'une
dialectique vive et franche, d'une logique qui ne s'égare jamais et ne laisse jamais s'égarer les autres, mais les ramène
toujours à la question, net, tranchant, cinglant, toujours direct,
sans ambages, sans superfluités, d'une escrime déliée et loyale,
d'une langue claire, lucide, où la pensée se voit à nu, sans or-
nements, sans images, sans emphase ; çà et là, aux interrup-
tions, surtout à celles qui sonnent mal, des répliques lumineu-
ses ou clouantes ; parfois des échappées d'un verbe plus haut
et plus sonore, issues du mouvement même de la pensée, mais
vite contenues par le souci du naturel et de la sincérité, et pour
soutenir l'homme dans cette lutte pied à pied, où la ténacité
d'adversaires sans cesse renouvelés n'a d'égale que la sienne,
la conviction que ce n'est pas du projet de Paul Bert, de Ferry
ou de Goblet, qu'il s'agit, mais d'une des œuvres essentielles,
promises et dues par la République à la France.

Des nombreux discours prononcés au Sénat par M. Goblet,
dans cette mémorable discussion, il y aurait beaucoup à citer.
J'en citerai seulement deux fragments, de ceux où apparais-
sent le mieux ses idées directrices, sur ce qui était le fond du
débat, la morale sans dogme et l'enseignement civique :

« Messieurs, moi aussi je dis qu'il faut croire...

« Oui, il y a quelques mois, parlant à la Sorbonne, devant
l'élite de notre jeunesse, devant cette jeunesse qui sera l'ave-
nir, et qui conduira la France à ses destinées nouvelles, —
nous ne faisons que les préparer — j'ai dit à cette jeunesse
qu'un peuple ne vit pas sans âme et sans foi ; mais quelle foi ?
Est-ce que j'ai dit la foi à un dogme, à une religion ? Non,
parce que je sais, et vous savez comme moi, que les religions
sont multiples, que ce sont des formes diverses d'un même
sentiment et qu'entre ces formes différentes, le gouvernement
n'a pas de préférence à manifester. Oui, j'ai dit qu'il fallait
croire à l'idéal et à la patrie, et j'ai la confiance que c'est la
foi commune qui, tout en respectant la liberté des consciences, — vous devez être d'accord avec moi sur ce point, — peut
nous unir tous tant que nous sommes, même dans cette Assemblée ! »

« Mais nous ne comprenons pas la patrie comme une arène éternellement ouverte à toutes les luttes, à toutes les prétentions, à tous les bouleversements dans le gouvernement et dans les idées.

« Pour nous, la patrie, c'est la France libre, se gouvernant elle-même par les institutions qu'elle s'est données et n'abandonnant plus jamais ses destinées ni aux caprices d'un homme, ni aux intérêts d'une caste. Voilà pourquoi nous voulons que cet enseignement civique soit donné dans nos écoles et pourquoi nous estimons qu'il ne peut pas l'être utilement par les maîtres dont je parlais tout à l'heure, mais seulement par les maîtres que nous-mêmes aurons formés. »

Une fois la loi définitivement votée et promulguée, M. Goblet s'appliqua à la commenter et à la justifier au dehors, devant les auditoires les plus divers. Il voulait que cette œuvre qu'il jugeait bonne, fût reconnue bonne par les autres, et il tenait pour un devoir de sa fonction ministérielle d'en être le héraut et le commentateur public. Ainsi, un jour, aux écoles **communales de la Somme réunies à Amiens, il tient ce langage** : « Cette loi, vous le savez, n'est autre chose que la consécration et le couronnement de la législation scolaire que le gouvernement républicain a pris à tâche de donner au pays et qui, réalisant un ensemble de réformes depuis longtemps attendues, se résume dans cette formule bien connue : obligation, gratuité, laïcité.

« On ne conteste plus guère aujourd'hui le principe de l'obligation. Quant à la gratuité, qui en est la conséquence nécessaire, loin de la discuter, nos adversaires nous l'empruntent pour l'appliquer dans leurs écoles. C'est sur le dernier terme de la formule que se concentre le débat.

« Nos écoles, dit-on, sont des écoles sans Dieu, et, par suite, ajoute-t-on généralement, elles ne peuvent être que des écoles d'immoralité. Qu'entend-on par là ? Que dans nos écoles on nie Dieu. Cela est faux et ceux qui parlent ainsi le savent, puisque, au contraire, l'idée de Dieu a été inscrite en tête de nos programmes comme celle d'un principe supérieur de vie, de justice et de vérité, auquel l'humanité presque tout entière rattache ses origines et ses destinées.

« Il est vrai, nous ne définissons pas cette idée dans l'école,

Comment le pourrions-nous, alors que les diverses églises également protégées par l'Etat l'entendent elles-mêmes de façons différentes et alors que l'école est ouverte à tous les enfants, à quelque Eglise qu'ils appartiennent ? La vértié est que l'Etat n'a pas qualité pour enseigner le dogme et qu'il laisse, ainsi qu'il le doit, ce soin aux Eglises, comme il laisse aux familles le soin de décider dans quel culte l'enfant sera élevé. L'Etat respecte toutes les croyances religieuses ; il n'en professe et n'en peut enseigner aucune. Quant à lui, sa tâche est tout autre. Représentant de la société civile, ce sont les intérêts de cette société qui le préoccupent exclusivement. Et c'est ici la véritable cause de la guerre obstinée que nous font ceux qui ne veulent pas admettre que cette société vive et se développe en dehors de leur influence. »

Un autre jour, aux Sociétés savantes, réunies à la Sorbonne, et parmi lesquelles se trouvaient certainement plus d'adversaires que de partisans de la loi, il n'hésite pas à dire : « Si l'indépendance des idées et la diversité des méthode sont une condition de vie pour l'enseignement supérieur, l'unité nous apparaît, au contraire, comme la règle naturelle sinon nécessaire de cette première instruction qui est commune à tous les citoyens. L'enseignement primaire public ouvert à tous, imposé à ceux qui ne peuvent se faire instruire ailleurs, ne doit il pas être le même pour tous, animé d'un même esprit, régi par les mêmes programmes, donné par les mêmes maîtres ?

« L'Etat, qui est seul capable d'assumer la charge d'un tel service, le premier des services publics, peut-il, dans ses propres écoles, donner un autre enseignement que celui qu'il juge conforme à ses principes, peut-il le confier à d'autres maîtres qu'à ceux qu'il a formés et agréés ?

« La loi ne fait pas autre chose. On dit qu'elle porte atteinte à la liberté et cependant elle assure à tous les maîtres qui remplissent les conditions de moralité et de capacité nécessaires le droit d'enseigner librement, mais elle n'oblige à fréquenter les écoles de l'Etat que ceux qui n'en ont pas d'autres et ne peuvent recevoir l'enseignement dans leur famille.

« On dit qu'elle menace, qu'elle opprime les consciences, et cependant pour garantir les croyances contre toute atteinte, non seulement elle protége la liberté de l'enseignement, elle respecte la liberté des dogmes et des cultes, mais elle limite le rôle de l'Etat à l'instruction proprement dite, et lui impose la plus stricte neutralité dans tout ce qui dépasse ce domaine.

« Messieurs, laissez-moi le dire en toute sincérité, comme je le pense, ceux-là seuls peuvent contester la légitimité de la loi qui se refusent à accepter l'indépendance de l'Etat et de la société civile. Pour tout esprit libre et sincère, la loi est juste dans son principe. Sans doute, dans l'application, les abus sont possibles, il en est ainsi de toutes les œuvres humaines. C'est au contrôle de l'opinion publique qu'il appartient de les prévenir, d'en avoir raison au besoin : et l'opinion parle assez librement et assez haut dans notre temps pour rassurer toutes les consciences. Quant à ceux qui ne veulent être ni rassurés, ni convaincus, ils ne sauraient nous détourner de notre devoir. »

Tel fut M. Goblet au ministère de l'Instruction publique ; telle y fut son œuvre. Sans intention aucune de flatterie posthume envers qui, de son vivant, n'eût pas toléré la flatterie, ne ressort-il pas de tout ce qui précède que le ministre fut de ceux qui marquent, et l'œuvre, de celles qui comptent et qui durent ? Le 11 décembre 1886, M. Goblet quitta, non sans regret, ce ministère où il s'était fait aimer, pour devenir Président du Conseil, ministre de l'Intérieur.

Paris. — Typ. A. DAVY, 52, rue Madame. — *Téléphone*.

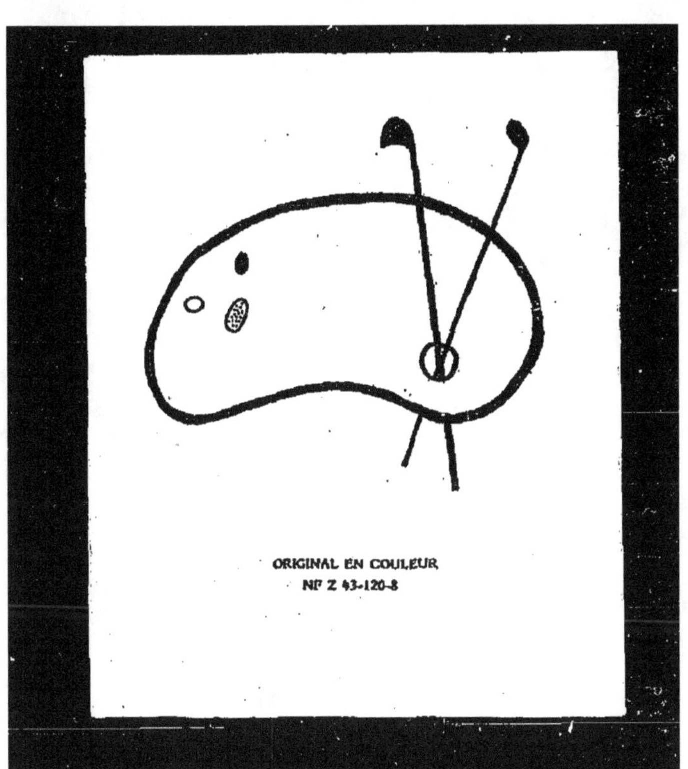

ORIGINAL EN COULEUR
Nº Z 43-120-8